저절로
중등
영어단어
마스터

1단계

다 외울 수 있다!

이 책은 영어 단어 암기를
돕기 위해 만들어졌습니다.
먼저 단어를 익힌 뒤
문제 풀이를 통해
자연스럽게 학습할 수 있도록 구성되었습니다.
틀린 단어는 표시를 하여
꼭 짚고 넘어가도록 합시다.
외울 때만 잠깐 알고 있다가
곧 잊어버리는 것은
공부가 아닙니다.
내가 잘 알고 있는 단어가 될 때까지
반복합시다.

아는 단어는 들립니다!
지문이 길어도 **아는 단어**가 있으면
무슨 뜻인지 압니다!
단어만 알면 다 됩니다!

목차

제1강

빈칸에 영어단어를 쓰시오.

fry	[동사] 굽다, 튀기다	＿＿＿＿＿
recipe	[명사] 조리법	＿＿＿＿＿
flour	[명사] 밀가루	＿＿＿＿＿
garlic	[명사] 마늘	＿＿＿＿＿
cucumber	[명사] 오이	＿＿＿＿＿
pumpkin	[명사] 호박	＿＿＿＿＿
celery	[명사] 셀러리	＿＿＿＿＿
lettuce	[명사] 상추	＿＿＿＿＿
water	[명사] 물	＿＿＿＿＿
potato	[명사] 감자	＿＿＿＿＿
pepper	[명사] 후추	＿＿＿＿＿
plum	[명사] 자두	＿＿＿＿＿
peach	[명사] 복숭아	＿＿＿＿＿
carrot	[명사] 당근	＿＿＿＿＿
grind	[동사] 갈다	＿＿＿＿＿
onion	[명사] 양파	＿＿＿＿＿
vegetable	[명사] 채소	＿＿＿＿＿
pear	[명사] 배	＿＿＿＿＿
grape	[명사] 포도	＿＿＿＿＿

의미가 통하는 것끼리 이으시오.

1. lettuce   ●   ● ㉠ 갈다

2. grind   ●   ● ㉡ 감자

3. potato   ●   ● ㉢ 상추

4. carrot   ●   ● ㉣ 당근

5. plum   ●   ● ㉤ 셀러리

6. celery   ●   ● ㉥ 자두

7. onion   ●   ● ㉦ 양파

---

8. 조리법   ●   ● ⓐ water

9. 물   ●   ● ⓑ vegetable

10. 채소   ●   ● ⓒ recipe

11. 복숭아   ●   ● ⓓ peach

12. 호박   ●   ● ⓔ pumpkin

13. 밀가루   ●   ● ⓕ flour

14. 오이   ●   ● ⓖ cucumber

다음 영어 단어의 뜻을 고르시오.

1. celery (   )
① 셀러리   ② 나무   ③ 현대   ④수첩

2. plum (   )
①기와   ② 기름   ③ 화초   ④자두

3. fry (   )
① 기다   ② 튀기다   ③ 자다   ④ 넘어지다

4. lettuce (   )
① 밤   ② 미나리   ③ 상추   ④ 무

5. grape (   )
① 체리   ② 포도   ③ 콩나물   ④양배추

6. pepper (   )
①소스   ② 수박   ③오렌지   ④ 후추

7. pumpkin (   )
①호박   ② 팥   ③ 오이   ④가지

8. recipe (   )
①메뉴   ②수저   ③객실   ④조리법

9. onion (   )
①양파   ② 김치   ③콩   ④ 메밀

다음 뜻에 해당하는 영어 단어를 고르시오.

1. 포도 (   )
① onion   ② grape   ③ apple   ④ garlic

2. 갈다 (   )
① forget   ② sorry   ③ grind   ④ pork

3. 밀가루 (   )
① flour   ② meal   ③ some   ④ table

4. 감자 (   )
① bean   ② dinner   ③ flower   ④ potato

5. 채소 (   )
① vegetable   ② tree   ③ leaf   ④ sore

6. 마늘 (   )
① plum   ② garlic   ③ nose   ④ cancel

7. 복숭아 (   )
① lettuce   ② recipe   ③ peach   ④ potato

8. 배 (   )
① pear   ② pumpkin   ③ garlic   ④ cucumber

9. 호박 (   )
① carrot   ② pumpkin   ③ grind   ④ vegetable

다음 단어의 뜻을 쓰시오.

1. fry	
2. recipe	
3. flour	
4. garlic	
5. cucumber	
6. pumpkin	
7. celery	
8. lettuce	
9. water	
10. potato	
11. pepper	
12. plum	
13. peach	
14. carrot	
15. grind	
16. onion	
17. vegetable	
18. pear	
19. grape	

다음의 뜻에 해당하는 영어 단어를 쓰시오.

1. 굽다, 튀기다	
2. 조리법	
3. 밀가루	
4. 마늘	
5. 오이	
6. 호박	
7. 셀러리	
8. 상추	
9. 물	
10. 감자	
11. 후추	
12 자두	
13. 복숭아	
14. 당근	
15. 갈다	
16. 양파	
17. 채소, 야채	
18. 배	
19. 포도	

제2강

빈칸에 영어단어를 쓰시오.

product	[명사] 상품, 제품	————
increase	[동사] 증가하다	————
result	[명사] 결과, 결실	————
remain	[동사] 계속 ~이다	————
occur	[동사] 일어나다	————
cause	[명사] 원인	————
entire	[형용사] 전체의	————
eventually	[부사] 결국, 종내	————
finally	[부사] 마침내	————
freeze	[동사] 얼다, 얼리다	————
canal	[명사] 운하, 수로	————
collect	[동사] 모으다	————
protect	[동사] 보호하다	————
prevent	[동사] 막다, 방지하다	————
proper	[형용사] 적절한	————
obtain	[동사] 얻다, 구하다	————
maintain	[동사] 유지하다	————
assert	[동사] 주장하다	————
suggest	[동사] 제안하다	————

의미가 통하는 것끼리 이으시오.

1. increase   ●   ● ㉠ 원인

2. occur   ●   ● ㉡ 증가하다

3. collect   ●   ● ㉢ 일어나다

4. finally   ●   ● ㉣ 모으다

5. assert   ●   ● ㉤ 마침내

6. suggest   ●   ● ㉥ 제안하다

7. cause   ●   ● ㉦ 주장하다

---

8. 유지하다   ●   ● ⓐ eventually

9. 결국, 종내   ●   ● ⓑ protect

10. 보호하다   ●   ● ⓒ obtain

11. 운하, 수로   ●   ● ⓓ maintain

12. 얻다, 구하다   ●   ● ⓔ proper

13. 적절한   ●   ● ⓕ canal

14. 얼다, 얼리다   ●   ● ⓖ freeze

다음 영어 단어의 뜻을 고르시오.

1. increase (   )
① 방해하다　　② 날아가다　　③ 떨어지다　　④ 증가하다

2. cause (   )
① 지붕　　② 소원　　③ 원인　　④ 지문

3. result (   )
① 수집하다　　② 전체의　　③ 결과, 결실　　④ 헐다

4. prevent (   )
① 짜증나다　　② 제휴하다　　③ 수집하다　　④ 막다, 방지하다

5. obtain (   )
① 얻다　　② 수집하다　　③ 요인　　④ 넘어지다

6. assert (   )
① 경건하다　　② 원인　　③ 주장하다　　④ 수집하다

7. canal (   )
① 운하, 수로　　② 제안하다　　③ 주장하다　　④ 이유

8. finally (   )
① 추론하다　　② 적절한　　③ 마침내　　④ 수로

9. occur (   )
① 민첩하다　　② 일어나다　　③ 미안하다　　④ 제안하다

다음 뜻에 해당하는 영어 단어를 고르시오.

1. 모으다 (   )
① sew   ② fright   ③ collect   ④ contract

2. 보호하다 (   )
① maintain   ② protect   ③ oversee   ④ marine

3. 제안하다 (   )
① suggest   ② thumb   ③ have   ④ luxury

4. 제품 (   )
① fell   ② product   ③ wipe   ④ part

5. 결과 (   )
① tree   ② meet   ③ result   ④ process

6. 전체의 (   )
① table   ② change   ③ entire   ④ myth

7. 유지하다 (   )
① protect   ② global   ③ vein   ④ maintain

8. 원인 (   )
① house   ② basic   ③ cause   ④ prompt

9. 결국 (   )
① nervous   ② piano   ③ engage   ④ eventually

다음 단어의 뜻을 쓰시오.

1. product	
2. increase	
3. result	
4. remain	
5. occur	
6. cause	
7. entire	
8. eventually	
9. finally	
10. freeze	
11. canal	
12. collect	
13. protect	
14. prevent	
15. proper	
16. obtain	
17. maintain	
18. assert	
19. suggest	

다음의 뜻에 해당하는 영어 단어를 쓰시오.

1. 생산물, 상품, 제품	
2. 증가하다, 인상되다	
3. 결과, 결실	
4. 계속 ~이다	
5. 일어나다, 발생하다	
6. 원인	
7. 전체의, 온	
8. 결국, 종내	
9. 마침내	
10. 얼다, 얼리다	
11. 운하, 수로	
12 모으다, 수집하다	
13. 보호하다, 지키다	
14. 막다, 방지하다	
15. 적절한, 제대로 된	
16. 얻다, 구하다	
17. 유지하다	
18. 주장하다	
19. 제안하다	

제3강

빈칸에 영어단어를 쓰시오.

problem	[명사] 문제	_____
solution	[명사] 해법, 해결책	_____
foundation	[명사] (건물의) 토대	_____
offer	[동사] 제의하다	_____
factor	[명사] 요인, 인자	_____
distinct	[형용사] 뚜렷한, 분명한	_____
constant	[형용사] 끊임없는	_____
effort	[명사] 수고	_____
diverse	[형용사] 다양한	_____
declare	[동사] 선언하다	_____
convince	[동사] 납득시키다	_____
allow	[동사] 허락하다	_____
improve	[동사] 개선되다	_____
benefit	[명사] 혜택, 이득	_____
require	[동사] 필요하다	_____
involve	[동사] 수반하다	_____
include	[동사] 포함하다	_____
encourage	[동사] 격려하다	_____
treat	[동사] 대하다	_____

의미가 통하는 것끼리 이으시오.

1. constant ●
2. distinct ●
3. convince ●
4. solution ●
5. involve ●
6. foundation ●
7. diverse ●

● ㉠ (건물의) 토대
● ㉡ 끊임없는
● ㉢ 다양한
● ㉣ 해법, 해결책
● ㉤ 납득시키다
● ㉥ 뚜렷한, 분명한
● ㉦ 수반하다

8. 수고 ●
9. 문제 ●
10. 선언하다 ●
11. 제의하다 ●
12. 허락하다 ●
13. 개선되다 ●
14. 요인, 인자 ●

● ⓐ problem
● ⓑ allow
● ⓒ offer
● ⓓ factor
● ⓔ effort
● ⓕ declare
● ⓖ improve

다음 영어 단어의 뜻을 고르시오.

1. allow (　　　)
① 필요하다　　② 해결책　　　③ 허락하다　　④ 건너다

2. factor (　　　)
① 사고　　　　② 요인, 인자　③ 입　　　　　④ 개선되다

3. improve (　　　)
① 경고하다　　② 다시　　　　③ 개선되다　　④ 제의하다

4. convince (　　　)
① 지나가다　　② 다녀오다　　③ 납득시키다　④ 갑다

5. problem (　　　)
① 다양한　　　② 행렬　　　　③ 문제　　　　④ 걷다

6. effort (　　　)
① 조롱하다　　② 놀다　　　　③ 재고하다　　④ 수고

7. foundation (　　　)
① 산책　　　　② 다리　　　　③ 토대　　　　④ 운하

8. require (　　　)
① 확률　　　　② 제출하다　　③ 발표하다　　④ 필요하다

9. constant (　　　)
① 끊임없는　　② 확신　　　　③ 모른체하다　④ 슬며시

다음 뜻에 해당하는 영어 단어를 고르시오.

1. 해법, 해결책 (　　　　)
① salt　　　　② within　　　　③ cancel　　　　④ solution

2. 제의하다 (　　　　)
① come　　　　② photo　　　　③ offer　　　　④ deny

3. 선언하다 (　　　　)
① set　　　　② think　　　　③ cry　　　　④ declare

4. 개선되다 (　　　　)
① lie　　　　② improve　　　　③ stop　　　　④ involve

5. 혜택, 이득 (　　　　)
① yell　　　　② meat　　　　③ paper　　　　④ benefit

6. 수반하다 (　　　　)
① right　　　　② also　　　　③ involve　　　　④ although

7. 대하다 (　　　　)
① treat　　　　② get　　　　③ early　　　　④ lonely

8. 격려하다 (　　　　)
① see　　　　② sense　　　　③ encourage　　　　④ useful

9. 뚜렷한, 분명한 (　　　　)
① peach　　　　② as　　　　③ dinner　　　　④ distinct

다음 단어의 뜻을 쓰시오.

1. problem	
2. solution	
3. foundation	
4. offer	
5. factor	
6. distinct	
7. constant	
8. effort	
9. diverse	
10. declare	
11. convince	
12. allow	
13. improve	
14. benefit	
15. require	
16. involve	
17. include	
18. encourage	
19. treat	

다음의 뜻에 해당하는 영어 단어를 쓰시오.

1. 문제	
2. 해법, 해결책	
3. (건물의) 토대	
4. 제의하다	
5. 요인, 인자	
6. 뚜렷한, 분명한	
7. 끊임없는	
8. 수고	
9. 다양한	
10. 선언하다	
11. 납득시키다	
12 허락하다	
13. 개선되다, 나아지다	
14. 혜택, 이득	
15. 필요하다	
16. 수반하다	
17. 포함하다	
18. 격려하다	
19. 대하다	

제4강

빈칸에 영어단어를 쓰시오.

custom	[명사] 관습, 풍습	————
damage	[명사] 손상, 피해	————
ruin	[동사] 망치다	————
signal	[명사] 신호	————
direction	[명사] 방향	————
object	[명사] 물건, 물체	————
symbol	[명사] 상징	————
therefore	[부사] 그러므로	————
thus	[부사] 이렇게 하여	————
furthermore	[부사] 뿐만 아니라	————
relatively	[부사] 비교적	————
readily	[부사] 손쉽게	————
eagerly	[부사] 열망하여	————
await	[동사] 기다리다	————
announce	[동사] 발표하다	————
annual	[형용사] 매년의	————
rate	[명사] 속도	————
ensue	[동사] 뒤따르다	————
inflame	[동사] 흥분시키다	————

의미가 통하는 것끼리 이으시오.

1. damage ●   ● ㉠ 관습, 풍습

2. direction ●   ● ㉡ 망치다

3. custom ●   ● ㉢ 그러므로

4. object ●   ● ㉣ 손상, 피해

5. symbol ●   ● ㉤ 방향

6. therefore ●   ● ㉥ 물건, 물체

7. ruin ●   ● ㉦ 상징

---

8. 비교적 ●   ● ⓐ signal

9. 신호 ●   ● ⓑ thus

10. 손쉽게 ●   ● ⓒ relatively

11. 뿐만 아니라 ●   ● ⓓ eagerly

12. 열망하여 ●   ● ⓔ annual

13. 매년의 ●   ● ⓕ furthermore

14. 이렇게 하여 ●   ● ⓖ readily

다음 영어 단어의 뜻을 고르시오.

1. ruin (　　　　)
① 산만하다　　② 참가자　　③ 망치다　　④ 강조하다

2. direction (　　　　)
① 차고　　② 방향　　③ 징후　　④ 정체

3. annual (　　　　)
① 검소한　　② 의류　　③ 매년의　　④ 영향

4. custom (　　　　)
① 열광적인　　② 희석하다　　③ 충격　　④ 풍습

5. therefore (　　　　)
① 옮기다　　② 송장　　③ 공급하다　　④ 그러므로, 그러니

6. eagerly (　　　　)
① 이루다　　② 경계하다　　③ 늦추다　　④ 열망하여, 열심히

7. object (　　　　)
① 물건, 물체　　② 상징　　③ 차라리　　④ 권유하다

8. announce (　　　　)
① 잠꼬대하다　　② 발표하다　　③ 울다　　④ 형태

9. furthermore (　　　　)
① 미안하다　　② 가능하다　　③ 도대체　　④ 뿐만 아니라, 더욱이

다음 뜻에 해당하는 영어 단어를 고르시오.

1. 신호 (   )
① contatin   ② signal   ③ rude   ④ attract

2. 상징 (   )
① envy   ② symbol   ③ seek   ④ seed

3. 속도 (   )
① rate   ② exam   ③ climb   ④ look

4. 이렇게 하여, 이와 같이 (   )
① thus   ② slow   ③ foreign   ④ night

5. 뒤따르다 (   )
① look   ② audience   ③ confuse   ④ ensue

6. 손상, 피해 (   )
① damage   ② timely   ③ thrive   ④ ship

7. 비교적 (   )
① career   ② foster   ③ relatively   ④ domestic

8. 손쉽게, 순조롭게 (   )
① foil   ② valid   ③ readily   ④ accurate

9. 기다리다 (   )
① boom   ② fairly   ③ update   ④ await

다음 단어의 뜻을 쓰시오.

1. custom	
2. damage	
3. ruin	
4. signal	
5. direction	
6. object	
7. symbol	
8. therefore	
9. thus	
10. furthermore	
11. relatively	
12. readily	
13. eagerly	
14. await	
15. announce	
16. annual	
17. rate	
18. ensue	
19. inflame	

다음의 뜻에 해당하는 영어 단어를 쓰시오.

1. 관습, 풍습	
2. 손상, 피해	
3. 망치다	
4. 신호	
5. 방향	
6. 물건, 물체	
7. 상징	
8. 그러므로, 그러니	
9. 이렇게 하여, 이와 같이	
10. 뿐만 아니라, 더욱이	
11. 비교적	
12 손쉽게, 순조롭게	
13. 열망하여, 열심히	
14. 기다리다	
15. 발표하다, 알리다	
16. 매년의, 연례의	
17. 속도	
18. 뒤따르다	
19. 흥분시키다	

제5강

빈칸에 영어단어를 쓰시오.

careless	[형용사] 부주의한	————
attorney	[명사] 변호사	————
adhere	[동사] 부착되다	————
suspect	[동사] 의심하다	————
witness	[명사] 목격자	————
severe	[형용사] 극심한	————
harsh	[형용사] 가혹한	————
fragile	[형용사] 부서지기 쉬운	————
swift	[형용사] 신속한	————
hollow	[형용사] 빈	————
dull	[형용사] 따분한	————
plain	[형용사] 분명한	————
dominant	[형용사] 우세한	————
imposing	[형용사] 인상적인	————
stately	[형용사] 위풍당당한	————
gorge	[명사] 협곡	————
deft	[형용사] 재빠른	————
alumni	[명사] 졸업생들	————
permit	[동사] 허용하다	————

의미가 통하는 것끼리 이으시오.

1. witness ● ● ㉠ 변호사

2. fragile ● ● ㉡ 목격자

3. attorney ● ● ㉢ 극심한

4. severe ● ● ㉣ 빈

5. hollow ● ● ㉤ 의심하다

6. suspect ● ● ㉥ 가혹한

7. harsh ● ● ㉦ 부서지기 쉬운

---

8. 부주의한 ● ● ⓐ adhere

9. 신속한 ● ● ⓑ plain

10. 분명한 ● ● ⓒ careless

11. 부착되다 ● ● ⓓ swift

12. 인상적인 ● ● ⓔ gorge

13. 협곡 ● ● ⓕ imposing

14. 허용하다 ● ● ⓖ permit

다음 영어 단어의 뜻을 고르시오.

1. suspect (   )
① 의심하다   ② 가혹한   ③ 빈   ④ 우세한

2. witness (   )
① 인상적인   ② 목격자   ③ 느린   ④ 허용하다

3. fragile (   )
① 조명   ② 붙이다   ③ 재빠른   ④ 부서지기 쉬운

4. plain (   )
① 분명한   ② 기입하다   ③ 우세한   ④ 후회하는

5. gorge (   )
① 협곡   ② 지난   ③ 중재   ④ 졸업생들

6. careless (   )
① 설치하다   ② 허가하다   ③ 부주의한   ④ ~에 대한

7. harsh (   )
① 수강하다   ② 의심하다   ③ 가혹한   ④ 분명한

8. stately (   )
① 제외하다   ② 봉투   ③ 수신하다   ④ 위풍당당한

9. attorney (   )
① 변호사   ② 회계사   ③ 초과   ④ 허무한

다음 뜻에 해당하는 영어 단어를 고르시오.

1. 부착되다 (   )
① state   ② adhere   ③ rigid   ④ surely

2. 극심한 (   )
① severe   ② polish   ③ attach   ④ courier

3. 신속한 (   )
① reception   ② swift   ③ select   ④ carry

4. 빈 (   )
① step   ② react   ③ hollow   ④ careful

5. 인상적인 (   )
① worth   ② ship   ③ imposing   ④ cater

6. 따분한 (   )
① confuse   ② cuisine   ③ dull   ④ retain

7. 재빠른 (   )
① imply   ② misplace   ③ deft   ④ grow

8. 우세한 (   )
① garner   ② object   ③ premier   ④ dominant

9. 졸업생들 (   )
① stove   ② stately   ③ refer   ④ alumni

다음 단어의 뜻을 쓰시오.

1. careless	
2. attorney	
3. adhere	
4. suspect	
5. witness	
6. severe	
7. harsh	
8. fragile	
9. swift	
10. hollow	
11. dull	
12. plain	
13. dominant	
14. imposing	
15. stately	
16. gorge	
17. deft	
18. alumni	
19. permit	

다음의 뜻에 해당하는 영어 단어를 쓰시오.

1. 부주의한	
2. 변호사	
3. 부착되다	
4. 의심하다	
5. 목격자	
6. 극심한	
7. 가혹한	
8. 부서지기 쉬운	
9. 신속한	
10. 빈	
11. 따분한	
12 분명한	
13. 우세한	
14. 인상적인	
15. 위풍당당한	
16. 협곡	
17. 재빠른	
18. 졸업생들	
19. 허용하다	

제6강

빈칸에 영어단어를 쓰시오.

compel	[동사] 강요하다	———————
urge	[동사] 충고하다	———————
resist	[동사] 저항하다	———————
persist	[동사] 집요하게 계속하다	———————
vary	[동사] 서로 다르다	———————
alter	[동사] 변하다	———————
encounter	[동사] 맞닥뜨리다	———————
classify	[동사] 분류하다	———————
category	[명사] 범주	———————
basis	[명사] 근거, 이유	———————
implement	[동사] 시행하다	———————
promote	[동사] 촉진하다	———————
collapse	[동사] 붕괴되다	———————
crash	[명사] 사고	———————
burst	[동사] 터지다	———————
beat	[동사] 이기다	———————
laud	[동사] 칭찬하다	———————
lavish	[형용사] 풍성한	———————
lucid	[형용사] 명쾌한	———————

의미가 통하는 것끼리 이으시오.

1. compel ● ● ㉠ 명쾌한

2. implement ● ● ㉡ 강요하다

3. urge ● ● ㉢ 시행하다

4. basis ● ● ㉣ 충고하다

5. persist ● ● ㉤ 근거, 이유

6. collapse ● ● ㉥ 붕괴되다

7. lucid ● ● ㉦ 집요하게 계속하다

---

8. 사고 ● ● ⓐ vary

9. 저항하다 ● ● ⓑ crash

10. 터지다 ● ● ⓒ resist

11. 변하다 ● ● ⓓ alter

12. 서로 다르다 ● ● ⓔ beat

13. 이기다 ● ● ⓕ burst

14. 풍성한 ● ● ⓖ lavish

다음 영어 단어의 뜻을 고르시오.

1. lavish （　　　　）
① 계속하다　　②호화로운　　③다르다　　④풍성한

2. urge （　　　　）
①맞닥뜨리다　　②범주　　③충고하다　　④명료한

3. collapse （　　　　）
①붕괴되다　　②분류하다　　③같다　　④충고하다

4. compel （　　　　）
①제안하다　　②티지다　　③붕괴되다　　④강요하다

5. lucid （　　　　）
①명쾌한　　②호화로운　　③불분명한　　④지속하다

6. alter （　　　　）
①충고하다　　②붕괴되다　　③분석하다　　④변하다

7. laud （　　　　）
①명백한　　②칭찬하다　　③속하다　　④충실하다

8. resist （　　　　）
①분류하다　　②범주　　③경박한　　④저항하다

9. promote （　　　　）
①촉진하다　　②명료한　　③맞닥뜨리다　　④부딪히다

다음 뜻에 해당하는 영어 단어를 고르시오.

1. 시행하다 (   )
① persist   ② promote   ③ implement   ④ urge

2. 맞닥뜨리다 (   )
① classify   ② encounter   ③ lavish   ④ collapse

3. 근거, 이유 (   )
① laud   ② beat   ③ classify   ④ basis

4. 범주 (   )
① basic   ② category   ③ classify   ④ persist

5. 이기다 (   )
① cater   ② basis   ③ lavish   ④ beat

6. 서로 다르다 (   )
① vary   ② persist   ③ beat   ④ implement

7. 사고 (   )
① vary   ② crash   ③ class   ④ count

8. 분류하다 (   )
① collapse   ② classify   ③ beat   ④ dull

9. 터지다 (   )
① collapse   ② encounter   ③ very   ④ burst

다음 단어의 뜻을 쓰시오.

1. compel	
2. urge	
3. resist	
4. persist	
5. vary	
6. alter	
7. encounter	
8. classify	
9. category	
10. basis	
11. implement	
12. promote	
13. collapse	
14. crash	
15. burst	
16. beat	
17. laud	
18. lavish	
19. lucid	

다음의 뜻에 해당하는 영어 단어를 쓰시오.

1. 강요하다	
2. 충고하다	
3. 저항하다	
4. 집요하게 계속하다	
5. 서로 다르다	
6. 변하다	
7. 맞닥뜨리다	
8. 분류하다	
9. 범주	
10. 근거, 이유	
11. 시행하다	
12 촉진하다	
13. 붕괴되다, 무너지다	
14. 사고	
15. 터지다	
16. 이기다	
17. 칭찬하다	
18. 풍성한, 호화로운	
19. 명쾌한, 명료한	

제7강

빈칸에 영어단어를 쓰시오.

induce	[동사] 설득하다	_____
subject	[명사] 주제	_____
language	[명사] 언어	_____
opinion	[명사] 의견	_____
ability	[명사] 능력	_____
restroom	[명사] 화장실	_____
restaurant	[명사] 식당, 레스토랑	_____
library	[명사] 도서관	_____
course	[명사] 강의, 강좌	_____
general	[형용사] 일반적인	_____
overall	[형용사] 전체의	_____
output	[명사] 생산량, 산출량	_____
section	[명사] 부분, 부문, 구획	_____
promote	[동사] 촉진하다	_____
resource	[명사] 자원	_____
structure	[명사] 구조	_____
function	[명사] 기능	_____
activity	[명사] 움직임, 활기	_____
common	[형용사] 흔한	_____

의미가 통하는 것끼리 이으시오.

1. ability   ●

2. activity   ●

3. opinion   ●

4. output   ●

5. resource   ●

6. course   ●

7. promote   ●

● ㉠ 의견

● ㉡ 능력

● ㉢ 강의, 강좌

● ㉣ 생산량, 산출량

● ㉤ 자원

● ㉥ 촉진하다

● ㉦ 움직임, 활기

---

8. 주제   ●

9. 식당   ●

10. 흔한   ●

11. 전체의   ●

12. 기능   ●

13. 구조   ●

14. 능력   ●

● ⓐ restaurant

● ⓑ subject

● ⓒ function

● ⓓ overall

● ⓔ ability

● ⓕ common

● ⓖ structure

다음 영어 단어의 뜻을 고르시오.

1. structure (　　　　)
①능력　　　②구조　　　③부위　　　④주제

2. general (　　　　)
①촉진하다　　②일반적인　　③무능력　　④전체의

3. induce (　　　　)
①일반적인　　②의견　　③부분　　④설득하다

4. promote (　　　　)
①촉진하다　　②언어　　③혼한　　④촉진하다

5. library (　　　　)
①자원　　②비상구　　③도서관　　④부정

6. language (　　　　)
①화제　　②언어　　③차원　　④레스토랑

7. ability (　　　　)
①재고하다　　②건의하다　　③활기　　④능력

8. output (　　　　)
①생산량　　②세계적인　　③사과하다　　④강좌

9. function (　　　　)
①기능　　②고장　　③남기다　　④구조하다

다음 뜻에 해당하는 영어 단어를 고르시오.

1. 화장실 (   )
① restaurant　　② library　　③ language　　④ restroom

2. 주제 (   )
① resource　　② subject　　③ ability　　④ general

3. 구획 (   )
① general　　② course　　③ element　　④ section

4. 활기 (   )
① then　　② resource　　③ restaurant　　④ activity

5. 의견 (   )
① ever　　② opinion　　③ section　　④ language

6. 자원 (   )
① resource　　② promote　　③ ability　　④ course

7. 레스토랑 (   )
① put　　② language　　③ restaurant　　④ resource

8. 강의, 강좌 (   )
① resource　　② activity　　③ course　　④ output

9. 전체의 (   )
① language　　② output　　③ cite　　④ overall

다음 단어의 뜻을 쓰시오.

1. induce	
2. subject	
3. language	
4. opinion	
5. ability	
6. restroom	
7. restaurant	
8. library	
9. course	
10. general	
11. overall	
12. output	
13. section	
14. promote	
15. resource	
16. structure	
17. function	
18. activity	
19. common	

다음의 뜻에 해당하는 영어 단어를 쓰시오.

1. 설득하다	
2. 주제	
3. 언어	
4. 의견	
5. 능력	
6. 화장실	
7. 식당, 레스토랑	
8. 도서관	
9. 강의, 강좌	
10. 일반적인	
11. 전체의	
12 생산량, 산출량	
13. 부분, 부문, 구획	
14. 촉진하다	
15. 자원	
16. 구조	
17. 기능	
18. 움직임, 활기	
19. 흔한	

제8강

빈칸에 영어단어를 쓰시오.

영어단어	뜻	빈칸
communicate	[동사] 의사소통을 하다	_____
express	[동사] 나타내다	_____
certain	[형용사] 확실한, 틀림없는	_____
pattern	[명사] 패턴	_____
value	[명사] 가치	_____
knowledge	[명사] 지식	_____
necessary	[형용사] 필요한	_____
essential	[형용사] 필수적인	_____
perceive	[동사] 감지하다	_____
interpret	[동사] 설명하다	_____
interrupt	[동사] 방해하다	_____
bother	[동사] 신경 쓰다	_____
frighten	[동사] 겁먹게 만들다	_____
anniversary	[명사] 기념일	_____
celebration	[명사] 기념 행사	_____
honor	[명사] 명예, 영예	_____
mellow	[형용사] 그윽한	_____
prestige	[명사] 위신, 명망	_____
infer	[동사] 추론하다	_____

의미가 통하는 것끼리 이으시오.

1. perceive ●   ● ㉠ 가치

2. pattern ●   ● ㉡ 감지하다

3. interrupt ●   ● ㉢ 패턴

4. value ●   ● ㉣ 방해하다

5. anniversary ●   ● ㉤ 지식

6. mellow ●   ● ㉥ 기념일

7. knowledge ●   ● ㉦ 그윽한

---

8. 나타내다 ●   ● ⓐ essential

9. 설명하다 ●   ● ⓑ express

10. 필수적인 ●   ● ⓒ bother

11. 신경 쓰다 ●   ● ⓓ certain

12. 명예, 영예 ●   ● ⓔ honor

13. 추론하다 ●   ● ⓕ interpret

14. 확실한 ●   ● ⓖ infer

다음 영어 단어의 뜻을 고르시오.

1. interpret (   )
① 약속하다   ② 가치   ③ 나타내다   ④ 설명하다

2. knowledge (   )
① 감지하다   ② 필수적인   ③ 그윽한   ④ 지식

3. pattern (   )
① 패턴   ② 속성   ③ 지식   ④ 방해하다

4. anniversary (   )
① 명망   ② 가치   ③ 추억하다   ④ 기념일

5. essential (   )
① 신경 쓰다   ② 표현하다   ③ 필수적인   ④ 설명하다

6. infer (   )
① 기념일   ② 추론하다   ③ 방지하다   ④ 부산한

7. express (   )
① 추론하다   ② 멍에   ③ 지적인   ④ 나타내다

8. honor (   )
① 체험   ② 확실한   ③ 명예, 영예   ④ 선별하다

9. bother (   )
① 신경 쓰다   ② 형제   ③ 도덕적인   ④ 간식

다음 뜻에 해당하는 영어 단어를 고르시오.

1. 가치 (   )
① blast   ② confer   ③ value   ④ digital

2. 의사소통을 하다 (   )
① solid   ② expend   ③ communicate   ④ carp

3. 필요한 (   )
① tend   ② view   ③ icy   ④ necessary

4. 확실한 (   )
① prove   ② last   ③ certain   ④ spot

5. 방해하다 (   )
① surpass   ② interrupt   ③ trim   ④ slice

6. 겁먹게 만들다 (   )
① lay   ② frighten   ③ remind   ④ reply

7. 감지하다 (   )
① ago   ② pardon   ③ frighten   ④ perceive

8. 그윽한 (   )
① greet   ② entire   ③ deaf   ④ mellow

9. 기념 행사 (   )
① tiny   ② true   ③ tease   ④ celebration

다음 단어의 뜻을 쓰시오.

1. communicate	
2. express	
3. certain	
4. pattern	
5. value	
6. knowledge	
7. necessary	
8. essential	
9. perceive	
10. interpret	
11. interrupt	
12. bother	
13. frighten	
14. anniversary	
15. celebration	
16. honor	
17. mellow	
18. prestige	
19. infer	

다음의 뜻에 해당하는 영어 단어를 쓰시오.

1. 의사소통을 하다	
2. 나타내다	
3. 확실한, 틀림없는	
4. 패턴	
5. 가치	
6. 지식	
7. 필요한	
8. 필수적인	
9. 감지하다	
10. 설명하다	
11. 방해하다	
12 신경 쓰다	
13. 겁먹게 만들다	
14. 기념일	
15. 기념 행사	
16. 명예 , 영예	
17. 그윽한	
18. 위신, 명망	
19. 추론하다	

제9강

빈칸에 영어단어를 쓰시오.

necessary	[형용사] 필요한	——————
particular	[형용사] 특정한	——————
recognize	[동사] 알아보다	——————
realize	[동사] 깨닫다	——————
achieve	[동사] 성취하다	——————
define	[동사] 정의하다	——————
specific	[형용사] 구체적인	——————
include	[동사] 포함하다	——————
produce	[동사] 생산하다	——————
opportunity	[명사] 기회	——————
inspire	[동사] 고무하다	——————
influence	[명사] 영향	——————
factor	[명사] 요인, 인자	——————
chemical	[형용사] 화학의	——————
exist	[동사] 존재하다	——————
attendant	[명사] 종업원	——————
fight	[동사] 싸우다	——————
confront	[동사] 닥치다	——————
embrace	[동사] 포옹하다	——————

의미가 통하는 것끼리 이으시오.

1. define ●   ● ㉠ 특정한

2. particular ●   ● ㉡ 성취하다

3. opportunity ●   ● ㉢ 구체적인

4. include ●   ● ㉣ 포함하다

5. achieve ●   ● ㉤ 필요한

6. specific ●   ● ㉥ 기회

7. necessary ●   ● ㉦ 정의하다

---

8. 깨닫다 ●   ● ⓐ recognize

9. 알아보다 ●   ● ⓑ realize

10. 요인, 인자 ●   ● ⓒ factor

11. 화학의 ●   ● ⓓ inspire

12. 싸우다 ●   ● ⓔ fight

13. 포옹하다 ●   ● ⓕ chemical

14. 고무하다 ●   ● ⓖ embrace

다음 영어 단어의 뜻을 고르시오.

1. influence (　　　)
①정의하다　　②격려하다　　③멈추다　　④영향

2. achieve (　　　)
①닥치다　　②성취하다　　③정갈하다　　④문화적인

3. factor (　　　)
①고민　　②민감한　　③요인, 인자　　④생산하다

4. particular (　　　)
①알아채다　　②성마르다　　③생소하다　　④특정한

5. include (　　　)
①포함하다　　②개요　　③과학의　　④우수하다

6. chemical (　　　)
①신호　　②화학의　　③결과　　④독려하다

7. recognize (　　　)
①영향　　②돌아가다　　③정신　　④알아보다

8. exist (　　　)
①이의　　②존재하다　　③원인　　④항해하다

9. opportunity (　　　)
①기회　　②반대하다　　③지각하다　　④육신

다음 뜻에 해당하는 영어 단어를 고르시오.

1. 종업원 (   )
① rather   ② noble   ③ attendant   ④ brisk

2. 필요한 (   )
① necessary   ② bust   ③ foster   ④ greedy

3. 싸우다 (   )
① achieve   ② sore   ③ fight   ④ vacancy

4. 정의하다 (   )
① present   ② define   ③ person   ④ melt

5. 고무하다 (   )
① merit   ② fear   ③ loose   ④ inspire

6. 구체적인 (   )
① envious   ② specific   ③ agree   ④ present

7. 깨닫다 (   )
① ride   ② realize   ③ carry   ④ soar

8. 생산하다 (   )
① confuse   ② delight   ③ produce   ④ empty

9. 닥치다 (   )
① guide   ② shine   ③ frame   ④ confront

다음 단어의 뜻을 쓰시오.

1. necessary	
2. particular	
3. recognize	
4. realize	
5. achieve	
6. define	
7. specific	
8. include	
9. produce	
10. opportunity	
11. inspire	
12. influence	
13. factor	
14. chemical	
15. exist	
16. attendant	
17. fight	
18. confront	
19. embrace	

다음의 뜻에 해당하는 영어 단어를 쓰시오.

1. 필요한	
2. 특정한	
3. 알아보다	
4. 깨닫다	
5. 성취하다	
6. 정의하다	
7. 구체적인	
8. 포함하다	
9. 생산하다	
10. 기회	
11. 격려하다	
12 영향	
13. 요인, 인자	
14. 화학의	
15. 존재하다	
16. 종업원	
17. 싸우다	
18. 닥치다	
19. 포옹하다	

제10강

빈칸에 영어단어를 쓰시오.

always	[부사] 항상, 언제나	——————
continually	[부사] 계속해서	——————
steady	[형용사] 꾸준한	——————
stir	[동사] 젓다	——————
vagary	[명사] 예측 불허의 변화	——————
claim	[동사] 주장하다	——————
conclude	[동사] 결론을 내리다	——————
estimate	[명사] 추정, 추산	——————
potential	[형용사] 잠재적인	——————
impact	[명사] 영향, 충격	——————
require	[동사] 필요하다	——————
committee	[명사] 위원회	——————
arrange	[동사] 마련하다	——————
direct	[형용사] 직접적인	——————
instruct	[동사] 지시하다	——————
notify	[동사] 알리다	——————
submit	[동사] 제출하다	——————
available	[형용사] 이용할 수 있는	——————
possible	[형용사] 가능한	——————

의미가 통하는 것끼리 이으시오.

1. continually ●   ● ㉠ 알리다

2. claim ●   ● ㉡ 마련하다

3. estimate ●   ● ㉢ 계속해서

4. impact ●   ● ㉣ 영향, 충격

5. arrange ●   ● ㉤ 주장하다

6. direct ●   ● ㉥ 추정, 추산

7. notify ●   ● ㉦ 직접적인

---

8. 항상, 언제나 ●   ● ⓐ steady

9. 꾸준한 ●   ● ⓑ always

10. 잠재적인 ●   ● ⓒ stir

11. 지시하다 ●   ● ⓓ require

12. 젓다 ●   ● ⓔ potential

13. 필요하다 ●   ● ⓕ instruct

14. 가능한 ●   ● ⓖ possible

다음 영어 단어의 뜻을 고르시오.

1. impact (   )
① 사전에　　　② 불가능한　　　③ 잠재적인　　　④ 영향, 충격

2. claim (   )
① 마무리　　　② 주장하다　　　③ 충족하다　　　④ 업무

3. continually (   )
① 보내다　　　② 실망　　　③ 계속해서　　　④ 마련하다

4. require (   )
① 필요하다　　　② 예정　　　③ 실소　　　④ 전수하다

5. estimate (   )
① 결말　　　② 추정, 추산　　　③ 필수적인　　　④ 경계

6. always (   )
① 약간　　　② 드문　　　③ 추태　　　④ 언제나

7. committee (   )
① 제시하다　　　② 잠수하다　　　③ 위원회　　　④ 실수하다

8. direct (   )
① 직접적인　　　② 회전　　　③ 감질나다　　　④ 잠결에

9. stir (   )
① 인정하다　　　② 지시하다　　　③ 회복하다　　　④ 젓다

다음 뜻에 해당하는 영어 단어를 고르시오.

1. 예측 불허의 변화 (   )
① infer   ② extend   ③ vagary   ④ rage

2. 마련하다 (   )
① gratify   ② arrange   ③ greeting   ④ cliff

3. 꾸준한 (   )
① trail   ② local   ③ copper   ④ steady

4. 이용할 수 있는 (   )
① draw   ② nerve   ③ opening   ④ available

5. 결론을 내리다 (   )
① reply   ② repeat   ③ taste   ④ conclude

6. 지시하다 (   )
① instruct   ② process   ③ reply   ④ fine

7. 잠재적인 (   )
① script   ② display   ③ correct   ④ potential

8. 알리다 (   )
① devise   ② reside   ③ notify   ④ revere

9. 가능한 (   )
① lesson   ② lay   ③ demand   ④ possible

다음 단어의 뜻을 쓰시오.

1. always	
2. continually	
3. steady	
4. stir	
5. vagary	
6. claim	
7. conclude	
8. estimate	
9. potential	
10. impact	
11. require	
12. committee	
13. arrange	
14. direct	
15. instruct	
16. notify	
17. submit	
18. available	
19. possible	

다음의 뜻에 해당하는 영어 단어를 쓰시오.

1. 항상, 언제나	
2. 계속해서	
3. 꾸준한	
4. 젓다	
5. 예측 불허의 변화	
6. 주장하다	
7. 결론을 내리다	
8. 추정, 추산	
9. 잠재적인	
10. 영향, 충격	
11. 필요하다	
12 위원회	
13. 마련하다	
14. 직접적인	
15. 지시하다	
16. 알리다	
17. 제출하다	
18. 이용할 수 있는	
19. 가능한	

제11강

빈칸에 영어단어를 쓰시오.

adapt	[동사] 맞추다	_____
accommodate	동사] 수용하다	_____
region	[명사] 지방, 지역	_____
influence	[명사] 영향	_____
focus	[동사] 집중하다	_____
sense	[명사] 감각	_____
sight	[명사] 시력	_____
current	[형용사] 현재의, 지금의	_____
form	[명사] 종류, 유형	_____
closely	[부사] 접근하여, 바싹	_____
intend	[동사] 의도하다	_____
permit	[동사] 허용하다	_____
obtain	[동사] 얻다	_____
strategy	[명사] 계획	_____
analysis	[명사] 분석 연구	_____
awe	[명사] 경외감, 외경심	_____
esteem	[명사] 존경	_____
pause	[동사] 잠시 멈추다	_____
ignore	[동사] 무시하다	_____

의미가 통하는 것끼리 이으시오.

1. region ●   ● ㉠ 맞추다

2. intend ●   ● ㉡ 지방, 지역

3. adapt ●   ● ㉢ 의도하다

4. current ●   ● ㉣ 집중하다

5. awe ●   ● ㉤ 현재의, 지금의

6. closely ●   ● ㉥ 접근하여, 바싹

7. focus ●   ● ㉦ 경외감, 외경심

---

8. 종류, 유형 ●   ● ⓐ accommodate

9. 수용하다 ●   ● ⓑ sight

10. 시력 ●   ● ⓒ influence

11. 허용하다 ●   ● ⓓ form

12. 영향 ●   ● ⓔ permit

13. 계획 ●   ● ⓕ ignore

14. 무시하다 ●   ● ⓖ strategy

다음 영어 단어의 뜻을 고르시오.

1. permit (   )
① 영혼   ② 서론   ③ 얻다   ④ 허용하다

2. sight (   )
① 시력   ② 자리잡다   ③ 집중하다   ④ 경외심

3. accommodate (   )
① 문책하다   ② 왼쪽의   ③ 공사   ④ 수용하다

4. form (   )
① 질문하다   ② 믿다   ③ 유형   ④ 사무

5. sense (   )
① 감각   ② 경질하다   ③ 뻔뻔하다   ④ 비판하다

6. closely (   )
① 고집부리다   ② 산업   ③ 접근하여   ④ 이용하다

7. obtain (   )
① 기술   ② 얻다   ③ 동요하다   ④ 미래

8. region (   )
① 수행하다   ② 밟다   ③ 선호하다   ④ 지방, 지역

9. strategy (   )
① 노력   ② 무사하다   ③ 계획   ④ 내리다

다음 뜻에 해당하는 영어 단어를 고르시오.

1. 경외감 (   )
① witty   ② match   ③ awe   ④ vision

2. 맞추다 (   )
① adapt   ② demand   ③ idle   ④ exist

3. 집중하다 (   )
① will   ② beyond   ③ focus   ④ consist

4. 존경 (   )
① amble   ② esteem   ③ have   ④ block

5. 영향 (   )
① bid   ② boost   ③ influence   ④ erode

6. 의도하다 (   )
① pity   ② ordinary   ③ intend   ④ embark

7. 잠시 멈추다 (   )
① insight   ② sound   ③ solid   ④ pause

8. 지금의 (   )
① solve   ② apply   ③ dairy   ④ current

9. 무시하다 (   )
① remote   ② record   ③ ignore   ④ scrap

다음 단어의 뜻을 쓰시오.

1. adapt	
2. accommodate	
3. region	
4. influence	
5. focus	
6. sense	
7. sight	
8. current	
9. form	
10. closely	
11. intend	
12. permit	
13. obtain	
14. strategy	
15. analysis	
16. awe	
17. esteem	
18. pause	
19. ignore	

다음의 뜻에 해당하는 영어 단어를 쓰시오.

1. 맞추다	
2. 수용하다	
3. 지방, 지역	
4. 영향	
5. 집중하다	
6. 감각	
7. 시력	
8. 현재의, 지금의	
9. 종류, 유형	
10. 접근하여, 바싹	
11. 의도하다	
12 허용하다	
13. 얻다	
14. 계획	
15. 분석 연구	
16. 경외감, 외경심	
17. 존경	
18. 잠시 멈추다	
19. 무시하다	

제12강

빈칸에 영어단어를 쓰시오.

recover	[동사] 회복되다	_____
select	[동사] 선발하다	_____
declare	[동사] 선언하다	_____
urge	[동사] 충고하다	_____
emerge	[동사] 나오다	_____
agree	[동사] 동의하다	_____
within	[전치사] 이내에	_____
throughout	[전치사] 도처에	_____
particularly	[부사] 특히, 특별히	_____
specific	[형용사] 구체적인	_____
discuss	[동사] 상의하다	_____
throw	[동사] 던지다	_____
steal	[동사] 훔치다	_____
victory	[명사] 승리	_____
defeat	[동사] 패배시키다	_____
struggle	[동사] 투쟁하다	_____
eventually	[부사] 결국, 종내	_____
extensive	[형용사] 아주 넓은	_____
identify	[동사] 확인하다	_____

의미가 통하는 것끼리 이으시오.

1. specific ● ● ㉠ 구체적인

2. urge ● ● ㉡ 충고하다

3. discuss ● ● ㉢ 회복되다

4. recover ● ● ㉣ 선언하다

5. throw ● ● ㉤ 상의하다

6. steal ● ● ㉥ 던지다

7. declare ● ● ㉦ 훔치다

---

8. 패배시키다 ● ● ⓐ extensive

9. 아주 넓은 ● ● ⓑ defeat

10. 결국, 종내 ● ● ⓒ eventually

11. 승리 ● ● ⓓ throughout

12. 도처에 ● ● ⓔ victory

13. 나오다 ● ● ⓕ within

14. 이내에 ● ● ⓖ emerge

다음 영어 단어의 뜻을 고르시오.

1. particularly (   )
① 특별히   ② 동의하다   ③ 상의하다   ④ 회복되다

2. victory (   )
① 넓은   ② 승리   ③ 동경하다   ④ 선발하다

3. urge (   )
① 충고하다   ② 도처에   ③ 좁은   ④ 악화되다

4. steal (   )
① 상담하다   ② 선정하다   ③ 개선되다   ④ 훔치다

5. discuss (   )
① 근처에   ② 이전하다   ③ 상의하다   ④ 상태

6. select (   )
① 귀중한   ② 고이다   ③ 작은   ④ 선발하다

7. agree (   )
① 미모   ② 성취하다   ③ 동의하다   ④ 광활한

8. within (   )
① 충족하다   ② 긴급한   ③ 격렬한   ④ 이내에

9. defeat (   )
① 해설하다   ② 패배시키다   ③ 독백   ④ 선택하다

다음 뜻에 해당하는 영어 단어를 고르시오.

1. 회복되다 (   )
① sad   ② advice   ③ recover   ④ distant

2. 도처에 (   )
① sage   ② insist   ③ script   ④ throughout

3. 선언하다 (   )
① discuss   ② emerge   ③ declare   ④ stable

4. 나오다 (   )
① steal   ② throw   ③ throughout   ④ emerge

5. 아주 넓은 (   )
① honor   ② defeat   ③ throw   ④ extensive

6. 구체적인 (   )
① applicant   ② emerge   ③ discuss   ④ specific

7. 던지다 (   )
① victory   ② urge   ③ throw   ④ select

8. 결국, 종내 (   )
① caution   ② eventually   ③ specific   ④ struggle

9. 투쟁하다 (   )
① vision   ② agreement   ③ even   ④ struggle

다음 단어의 뜻을 쓰시오.

1. recover	
2. select	
3. declare	
4. urge	
5. emerge	
6. agree	
7. within	
8. throughout	
9. particularly	
10. specific	
11. discuss	
12. throw	
13. steal	
14. victory	
15. defeat	
16. struggle	
17. eventually	
18. extensive	
19. identify	

다음의 뜻에 해당하는 영어 단어를 쓰시오.

1. 회복되다	
2. 선발하다	
3. 선언하다	
4. 충고하다	
5. 나오다	
6. 동의하다	
7. 이내에	
8. 도처에	
9. 특히, 특별히	
10. 구체적인	
11. 상의하다	
12 던지다	
13. 훔치다	
14. 승리	
15. 패배시키다	
16. 투쟁하다	
17. 결국, 종내	
18. 아주 넓은	
19. 확인하다	

제13강

빈칸에 영어단어를 쓰시오.

roar	[동사] 으르렁거리다	_____
shiver	[동사] 떨다	_____
frown	[동사] 얼굴을 찌푸리다	_____
momentum	[명사] 탄력, 가속도	_____
roam	[동사] 돌아다니다	_____
obscure	[형용사] 무명의	_____
expand	[동사] 확대되다	_____
rise	[명사] 증가	_____
upper	[형용사] 더 위에 있는	_____
superior	[형용사] 우수한	_____
prior	[형용사] 사전의	_____
temporary	[형용사] 일시적인	_____
previous	[형용사] 이전의	_____
associate	[동사] 연상하다	_____
significant	[형용사] 중요한	_____
typically	[부사] 보통	_____
assume	[동사] 추정하다	_____
undertake	[동사] 착수하다	_____
suffer	[동사] 시달리다	_____

의미가 통하는 것끼리 이으시오.

1. frown ●   ● ㉠ 탄력, 가속도

2. previous ●   ● ㉡ 중요한

3. roar ●   ● ㉢ 얼굴을 찌푸리다

4. upper ●   ● ㉣ 더 위에 있는

5. superior ●   ● ㉤ 으르렁거리다

6. momentum ●   ● ㉥ 우수한

7. significant ●   ● ㉦ 이전의

---

8. 떨다 ●   ● ⓐ temporary

9. 무명의 ●   ● ⓑ shiver

10. 일시적인 ●   ● ⓒ associate

11. 연상하다 ●   ● ⓓ obscure

12. 추정하다 ●   ● ⓔ roam

13. 돌아다니다 ●   ● ⓕ undertake

14. 착수하다 ●   ● ⓖ assume

다음 영어 단어의 뜻을 고르시오.

1. superior (   )
① 평가하다   ② 우수한   ③ 떨다   ④ 쥐다

2. roam (   )
① 여행   ② 돌아다니다   ③ 터널   ④ 가속도

3. expand (   )
① 확대되다   ② 무명의   ③ 사전의   ④ 훗날

4. temporary (   )
① 중요한   ② 돌아다니다   ③ 연상하다   ④ 일시적인

5. roar (   )
① 명확한   ② 되돌리다   ③ 넓다   ④ 으르렁거리다

6. previous (   )
① 세월   ② 이전의   ③ 연상하다   ④ 지각하다

7. obscure (   )
① 역할   ② 걸음걸이   ③ 모진   ④ 무명의

8. prior (   )
① 겸손한   ② 사전의   ③ 명성   ④ 혜택

9. associate (   )
① 오르다   ② 뒤지다   ③ 내리다   ④ 연상하다

다음 뜻에 해당하는 영어 단어를 고르시오.

1. 떨다 (　　　　)
① frown　　　② prior　　　③ shiver　　　④ temper

2. 증가 (　　　　)
① previous　　② upper　　　③ rise　　　④ roam

3. 중요한 (　　　　)
① frown　　　② roar　　　③ significant　　④ road

4. 얼굴을 찌푸리다 (　　　　)
① rise　　　② find　　　③ prior　　　④ frown

5. 더 위에 있는 (　　　　)
① associate　② hello　　　③ upper　　　④ long

6. 보통 (　　　　)
① expand　　② momentum　③ typically　　④ superior

7. 탄력, 가속도 (　　　　)
① assume　　② typically　③ shiver　　　④ momentum

8. 추정하다 (　　　　)
① upper　　　② pride　　　③ assume　　　④ also

9. 착수하다 (　　　　)
① undertake　② drop　　　③ arm　　　④ meat

다음 단어의 뜻을 쓰시오.

1. roar	
2. shiver	
3. frown	
4. momentum	
5. roam	
6. obscure	
7. expand	
8. rise	
9. upper	
10. superior	
11. prior	
12. temporary	
13. previous	
14. associate	
15. significant	
16. typically	
17. assume	
18. undertake	
19. suffer	

다음의 뜻에 해당하는 영어 단어를 쓰시오.

1. 으르렁거리다	
2. 떨다	
3. 얼굴을 찌푸리다	
4. 탄력, 가속도	
5. 돌아다니다	
6. 무명의	
7. 확대되다	
8. 증가	
9. 더 위에 있는	
10. 우수한	
11. 사전의	
12 일시적인	
13. 이전의	
14. 연상하다	
15. 중요한	
16. 보통	
17. 추정하다	
18. 착수하다	
19. 시달리다	

제14강

빈칸에 영어단어를 쓰시오.

vision	[명사] 시력	_____
reduce	[동사] 줄이다	_____
gain	[동사] 얻게 되다	_____
advantage	[명사] 유리한 점	_____
personnel	[명사] 인원, 직원	_____
transform	[동사] 변형시키다	_____
alter	[동사] 변하다	_____
modify	[동사] 수정하다	_____
correct	[형용사] 맞는	_____
wrong	[형용사] 틀린	_____
amiss	[형용사] 잘못된	_____
allure	[명사] 매력	_____
entice	[동사] 유도하다	_____
shed	[명사] 보관하는 곳	_____
weep	[동사] 울다	_____
stick	[동사] 찌르다	_____
cape	[명사] 망토	_____
irrigate	[동사] 물을 대다	_____
den	[명사] 굴	_____

의미가 통하는 것끼리 이으시오.

1. transform ●

2. entice ●

3. advantage ●

4. personnel ●

5. vision ●

6. gain ●

7. amiss ●

● ㉠ 인원, 직원

● ㉡ 유리한 점

● ㉢ 유도하다

● ㉣ 시력

● ㉤ 얻게 되다

● ㉥ 변형시키다

● ㉦ 잘못된

---

8. shed ●

9. cape ●

10. allure ●

11. alter ●

12. correct ●

13. wrong ●

14. den ●

● ⓐ 보관하는 곳

● ⓑ 굴

● ⓒ 망토

● ⓓ 매력

● ⓔ 변하다

● ⓕ 맞는

● ⓖ 틀린

다음 영어 단어의 뜻을 고르시오.

1. allure (   )
① 지각   ② 의견   ③ 매력   ④ 험담

2. transform (   )
① 경계하다   ② 변형시키다   ③ 대낮   ④ 삶다

3. gain (   )
① 정진하다   ② 어제   ③ 동료   ④ 얻게 되다

4. amiss (   )
① 뼈   ② 참외   ③ 잘못된   ④ 함께

5. entice (   )
① 모자   ② 유도하다   ③ 수정하다   ④ 질문하다

6. personnel (   )
① 줄이다   ② 영업부   ③ 인원, 직원   ④ 등불

7. weep (   )
① 태만하다   ② 울다   ③ 약속하다   ④ 운수

8. cape (   )
① 망토   ② 맵시   ③ 맞는   ④ 물을 대다

9. correct (   )
① 돌아오다   ② 경우   ③ 화나다   ④ 맞는

다음 뜻에 해당하는 영어 단어를 고르시오.

1. 시력 (　　　　)
① entice　　　　② deny　　　　③ vision　　　　④ vary

2. 변하다 (　　　　)
① weep　　　　② amiss　　　　③ alter　　　　④ transform

3. 찌르다 (　　　　)
① wrong　　　　② differ　　　　③ might　　　　④ stick

4. 유리한 점 (　　　　)
① transform　　　　② denist　　　　③ advantage　　　　④ think

5. 보관하는 곳 (　　　　)
① disease　　　　② stir　　　　③ shed　　　　④ vet

6. 수정하다 (　　　　)
① toe　　　　② weep　　　　③ modify　　　　④ wrong

7. 물을 대다 (　　　　)
① rain　　　　② irrigate　　　　③ view　　　　④ transform

8. 틀린 (　　　　)
① agree　　　　② transform　　　　③ wrong　　　　④ respect

9. 굴 (　　　　)
① much　　　　② cape　　　　③ can　　　　④ den

다음 단어의 뜻을 쓰시오.

1. vision	
2. reduce	
3. gain	
4. advantage	
5. personnel	
6. transform	
7. alter	
8. modify	
9. correct	
10. wrong	
11. amiss	
12. allure	
13. entice	
14. shed	
15. weep	
16. stick	
17. cape	
18. irrigate	
19. den	

다음의 뜻에 해당하는 영어 단어를 쓰시오.

1. 시력	
2. 줄이다	
3. 얻게 되다	
4. 유리한 점	
5. 인원,직원	
6. 변형시키다	
7. 변하다	
8. 수정하다	
9. 맞는	
10. 틀린	
11. 잘못된	
12 매력	
13. 유도하다	
14. 보관하는 곳	
15. 울다	
16. 찌르다	
17. 망토	
18. 물을 대다	
19. 굴	

제15강

빈칸에 영어단어를 쓰시오.

fulfil	[동사] 실현하다	——————
collapse	[동사] 무너지다	——————
barrier	[명사] 장벽	——————
flow	[명사] 흐름	——————
vital	[형용사] 필수적인	——————
acquire	[동사] 습득하다	——————
acknowledge	[동사] 인정하다	——————
angel	[명사] 천사	——————
ash	[명사] 재	——————
volcano	[명사] 화산	——————
eruption	[명사] 폭발, 분화	——————
tremble	[동사] 떨다, 떨리다	——————
gaze	[동사] 응시하다	——————
insist	[동사] 고집하다	——————
useless	[형용사] 쓸모 없는	——————
precious	[형용사] 귀중한	——————
various	[형용사] 다양한	——————
provide	[동사] 제공하다	——————
assist	[동사] 돕다	——————

의미가 통하는 것끼리 이으시오.

1. barrier　　　●　　　　　● ㉠ 화산

2. volcano　　　●　　　　　● ㉡ 응시하다

3. gaze　　　　●　　　　　● ㉢ 실현하다

4. provide　　　●　　　　　● ㉣ 제공하다

5. eruption　　 ●　　　　　● ㉤ 장벽

6. fulfil　　　　●　　　　　● ㉥ 떨다, 떨리다

7. tremble　　　●　　　　　● ㉦ 폭발, 분화

---

8. 흐름　　　　●　　　　　● ⓐ collapse

9. 무너지다　　●　　　　　● ⓑ vital

10. 필수적인　 ●　　　　　● ⓒ acquire

11. 재　　　　●　　　　　● ⓓ flow

12. 쓸모 없는　●　　　　　● ⓔ ash

13. 습득하다　●　　　　　● ⓕ various

14. 다양한　　●　　　　　● ⓖ useless

다음 영어 단어의 뜻을 고르시오.

1. fulfil (   )
① 돌아가다   ② 물리치다   ③ 뛰다   ④ 실현하다

2. useless (   )
① 미래의   ② 쓸모 없는   ③ 꿈꾸는   ④ 중요한

3. assist (   )
① 돕다   ② 걷다   ③ 유쾌하다   ④ 나쁘다

4. flow (   )
① 필수적인   ② 인정하다   ③ 흐름   ④ 습득하다

5. angel (   )
① 실현하다   ② 천사   ③ 무너지다   ④ 악마

6. volcano (   )
① 화산   ② 쓸모 없는   ③ 재   ④ 고집하다

7. ash (   )
① 떨리다   ② 경치   ③ 쓸모   ④ 재

8. acknowledge (   )
① 수정하다   ② 인정하다   ③ 흐름   ④ 고요하다

9. gaze (   )
① 응시하다   ② 만나다   ③ 기어가다   ④ 돌아가다

다음 뜻에 해당하는 영어 단어를 고르시오.

1. 쓸모 없는 (   )
① barrier   ② provide   ③ tremble   ④ useless

2. 필수적인 (   )
① provide   ② vital   ③ precious   ④ tremble

3. 제공하다 (   )
① trust   ② provide   ③ barrier   ④ friday

4. 다양한 (   )
① provide   ② vital   ③ various   ④ tremble

5. 고집하다 (   )
① try   ② barrier   ③ acknowledge   ④ insist

6. 귀중한 (   )
① acknowledge   ② precious   ③ vital   ④ ash

7. 떨다, 떨리다 (   )
① vital   ② assist   ③ tremble   ④ barrier

8. 폭발, 분화 (   )
① acquire   ② eruption   ③ vital   ④ ash

9. 장벽 (   )
① collapse   ② act   ③ barrier   ④ useless

다음 단어의 뜻을 쓰시오.

1. fulfil	
2. collapse	
3. barrier	
4. flow	
5. vital	
6. acquire	
7. acknowledge	
8. angel	
9. ash	
10. volcano	
11. eruption	
12. tremble	
13. gaze	
14. insist	
15. useless	
16. precious	
17. various	
18. provide	
19. assist	

다음의 뜻에 해당하는 영어 단어를 쓰시오.

1. 실현하다	
2. 무너지다	
3. 장벽	
4. 흐름	
5. 필수적인	
6. 습득하다	
7. 인정하다	
8. 천사	
9. 재	
10. 화산	
11. 폭발, 분화	
12 떨다, 떨리다	
13. 응시하다	
14. 고집하다	
15. 쓸모 없는	
16. 귀중한	
17. 다양한	
18. 제공하다	
19. 돕다	

제16강

빈칸에 영어단어를 쓰시오.

suffer	[동사] 시달리다	_____
overcome	[동사] 극복하다	_____
overwhelm	[동사] 휩싸다	_____
beginning	[명사] 시작	_____
market	[명사] 시장	_____
undermine	[동사] 약화시키다	_____
illusion	[명사] 오해	_____
optical	[형용사] 시각적인	_____
surface	[명사] 표면	_____
atmosphere	[명사] 대기	_____
temperature	[명사] 온도, 기온	_____
normal	[형용사] 보통의	_____
contract	[명사] 계약	_____
meal	[명사] 식사	_____
single	[형용사] 단 하나의, 단일의	_____
serious	[형용사] 심각한	_____
decision	[명사] 결정, 판단	_____
necessary	[형용사] 필요한	_____
relatively	[부사] 비교적	_____

의미가 통하는 것끼리 이으시오.

1. market   ●　　　　　　　● ㉠ 휩싸다

2. overwhelm ●　　　　　　　● ㉡ 시달리다

3. overcome ●　　　　　　　● ㉢ 시장

4. suffer   ●　　　　　　　● ㉣ 오해

5. atmosphere ●　　　　　　　● ㉤ 표면

6. surface ●　　　　　　　● ㉥ 극복하다

7. illusion ●　　　　　　　● ㉦ 대기

---

8. 약화시키다 ●　　　　　　　● ⓐ temperature

9. 시각적인 ●　　　　　　　● ⓑ undermine

10. 온도, 기온 ●　　　　　　　● ⓒ meal

11. 식사   ●　　　　　　　● ⓓ beginning

12. 보통의 ●　　　　　　　● ⓔ optical

13. 단일의 ●　　　　　　　● ⓕ normal

14. 시작 ●　　　　　　　● ⓖ single

다음 영어 단어의 뜻을 고르시오.

1. beginning (　　　　)
① 마무리　　② 경멸하다　　③ 발전하다　　④ 시작

2. atmosphere (　　　　)
① 우둔한　　② 천연덕스러운　③ 대기　　④ 강화시키다

3. undermine (　　　　)
① 보물　　② 약화시키다　③ 현실적인　④ 나열하다

4. meal (　　　)
① 굶다　　② 난조　　③ 식사　　④ 강경한

5. temperature (　　　　)
① 배짱　　② 엄청나게　③ 경험하다　④ 온도, 기온

6. suffer (　　　)
① 낭비하다　② 미묘하다　③ 재치있는　④ 시달리다

7. single (　　　)
① 승인하다　② 깨닫다　③ 멸종한　④ 단 하나의, 단일의

8. decision (　　　)
① 권태　　② 결정, 판단　③ 모범적인　④ 강한

9. relatively (　　　)
① 비교적　② 거대한　③ 퇴거시키다　④ 우회하다

다음 뜻에 해당하는 영어 단어를 고르시오.

1. 휩싸다 (   )
① optical   ② overcome   ③ overwhelm   ④ market

2. 시작 (   )
① illusion   ② undermine   ③ overwhelm   ④ beginning

3. 오해 (   )
① table   ② market   ③ illusion   ④ contract

4. 극복하다 (   )
① overwhelm   ② overcome   ③ market   ④ undermine

5. 계약 (   )
① temperature   ② normal   ③ contract   ④ optical

6. 표면 (   )
① undermine   ② market   ③ surface   ④ overcome

7. 보통의 (   )
① design   ② normal   ③ market   ④ overwhelm

8. 심각한 (   )
① other   ② overcome   ③ serious   ④ illusion

9. 필요한 (   )
① optical   ② necessary   ③ overcome   ④ temperature

다음 단어의 뜻을 쓰시오.

1. suffer	
2. overcome	
3. overwhelm	
4. beginning	
5. market	
6. undermine	
7. illusion	
8. optical	
9. surface	
10. atmosphere	
11. temperature	
12. normal	
13. contract	
14. meal	
15. single	
16. serious	
17. decision	
18. necessary	
19. relatively	

다음의 뜻에 해당하는 영어 단어를 쓰시오.

1. 시달리다	
2. 극복하다	
3. 휩싸다	
4. 시작	
5. 시장	
6. 약화시키다	
7. 오해	
8. 시각적인	
9. 표면	
10. 대기	
11. 온도, 기온	
12 보통의	
13. 계약	
14. 식사	
15. 단 하나의, 단일의	
16. 심각한	
17. 결정, 판단	
18. 필요한	
19. 비교적	

제17강

빈칸에 영어단어를 쓰시오.

glory	[명사] 영광, 영예	_____
competition	[명사] 경쟁	_____
experience	[명사] 경험	_____
education	[명사] 교육	_____
culture	[명사] 문화	_____
traditional	[형용사] 전통의	_____
merely	[부사] 한낱, 그저, 단지	_____
rather	[부사] 꽤, 약간, 상당히	_____
perhaps	[부사] 아마, 어쩌면	_____
recently	[부사] 최근에	_____
nearly	[부사] 거의	_____
nothing	[대명사] 아무것도	_____
above	[전치사] ~보다 위에	_____
beneath	[전치사] 아래에	_____
continent	[명사] 대륙	_____
celebrity	[명사] 유명 인사	_____
fame	[명사] 명성	_____
faith	[명사] 믿음	_____
fear	[명사] 두려움	_____

의미가 통하는 것끼리 이으시오.

1. traditional ●　　　　　　　　● ㉠ 유명 인사

2. celebrity ●　　　　　　　　● ㉡ 교육

3. fear ●　　　　　　　　● ㉢ 전통의

4. education ●　　　　　　　　● ㉣ 두려움

5. merely ●　　　　　　　　● ㉤ 문화

6. culture ●　　　　　　　　● ㉥ 최근에

7. recently ●　　　　　　　　● ㉦ 한낱

---

8. 대륙 ●　　　　　　　　● ⓐ faith

9. 믿음 ●　　　　　　　　● ⓑ fame

10. 명성 ●　　　　　　　　● ⓒ nothing

11. 아마, 어쩌면 ●　　　　　　● ⓓ continent

12. 아무것도 ●　　　　　　　● ⓔ above

13. ~보다 위에 ●　　　　　　● ⓕ nearly

14. 거의 ●　　　　　　　　● ⓖ perhaps

다음 영어 단어의 뜻을 고르시오.

1. nearly (   )
①대단히   ②교양   ③아래에   ④거의

2. glory (   )
①영광, 영예   ②오래전에   ③대륙   ④교육

3. fame (   )
①최근에   ②험담   ③명성   ④고전의

4. culture (   )
①전통의   ②단지   ③문화   ④아래에

5. merely (   )
①미소   ②교육   ③명성   ④한낱

6. experience (   )
①영광   ②아무것도   ③경험   ④아래에

7. celebrity (   )
①무명의   ②체험   ③유명 인사   ④현대의

8. recently (   )
①약간   ②최근에   ③그저   ④경험

9. faith (   )
①믿음   ②경우   ③탈진하다   ④새로운

다음 뜻에 해당하는 영어 단어를 고르시오.

1. 교육 (   )
① education   ② nearly   ③ come   ④ competition

2. 전통의 (   )
① culture   ② experience   ③ traditional   ④ anything

3. 경쟁 (   )
① merely   ② traditional   ③ recently   ④ competition

4. 아무것도 (   )
① experience   ② nothing   ③ education   ④ something

5. 꽤, 약간, 상당히 (   )
① nearly   ② competition   ③ recently   ④ rather

6. ~보다 위에 (   )
① recently   ② education   ③ above   ④ under

7. 아래에 (   )
① above   ② perhaps   ③ nearly   ④ beneath

8. 아마, 어쩌면 (   )
① faith   ② fame   ③ perhaps   ④ traditional

9. 대륙 (   )
① fame   ② continent   ③ above   ④ perhaps

다음 단어의 뜻을 쓰시오.

1. glory	
2. competition	
3. experience	
4. education	
5. culture	
6. traditional	
7. merely	
8. rather	
9. perhaps	
10. recently	
11. nearly	
12. nothing	
13. above	
14. beneath	
15. continent	
16. celebrity	
17. fame	
18. faith	
19. fear	

다음의 뜻에 해당하는 영어 단어를 쓰시오.

1. 영광, 영예	
2. 경쟁	
3. 경험	
4. 교육	
5. 문화	
6. 전통의	
7. 한낱, 그저, 단지	
8. 꽤, 약간, 상당히	
9. 아마, 어쩌면	
10. 최근에	
11. 거의	
12 아무것도	
13. ~보다 위에	
14. 아래에	
15. 대륙	
16. 유명 인사	
17. 명성	
18. 믿음	
19. 두려움	

제18강

빈칸에 영어단어를 쓰시오.

regret	[동사] 후회하다	_____
refuse	[동사] 거절하다	_____
avoid	[동사] 방지하다	_____
deny	[동사] 부인하다	_____
alarm	[명사] 불안, 공포	_____
amaze	[동사] 놀라게 하다	_____
affect	[동사] 영향을 미치다	_____
typically	[부사] 보통, 일반적으로	_____
imply	[동사] 넌지시 나타내다	_____
acquire	[동사] 습득하다	_____
access	[명사] 입장	_____
argue	[동사] 언쟁을 하다, 다투다	_____
indeed	[부사] 정말	_____
beyond	[전치사] ~저편에	_____
within	[전치사] 이내에	_____
receipt	[명사] 영수증	_____
reception	[명사] 접수처	_____
agenda	[명사] 의제	_____
abject	[형용사] 극도로 비참한	_____

의미가 통하는 것끼리 이으시오.

1. typically   ●

2. refuse   ●

3. imply   ●

4. deny   ●

5. receipt   ●

6. affect   ●

7. regret   ●

● ㉠ 거절하다

● ㉡ 넌지시 나타내다

● ㉢ 영수증

● ㉣ 부인하다

● ㉤ 보통, 일반적으로

● ㉥ 후회하다

● ㉦ 영향을 미치다

---

8. 습득하다   ●

9. 방지하다   ●

10. 놀라게 하다   ●

11. 다투다   ●

12. 이내에   ●

13. 접수처   ●

14. 입장   ●

● ⓐ avoid

● ⓑ acquire

● ⓒ amaze

● ⓓ access

● ⓔ within

● ⓕ argue

● ⓖ reception

다음 영어 단어의 뜻을 고르시오.

1. affect (   )
① 영향을 미치다 ② 고민하다   ③ 오랜만에   ④ 결석하다

2. argue (   )
① 화해하다   ② 거절하다   ③ 부인하다   ④ 다투다

3. refuse (   )
① 부설   ② 후회하다   ③ 거절하다   ④ 뛰다

4. receipt (   )
① 두껍다   ② 후회하다   ③ 줄이다   ④ 영수증

5. indeed (   )
① 분해하다   ② 정말   ③ 거절하다   ④ 확고하다

6. amaze (   )
① 강의하다   ② 대부분   ③ 예고하다   ④ 놀라게 하다

7. avoid (   )
① 접근하다   ② 거인   ③ 방지하다   ④ 확인하다

8. acquire (   )
① 양해   ② 습득하다   ③ 숙지하다   ④ 검토하다

9. abject (   )
① 겨누다   ② 극복하다   ③ 시무룩하다   ④ 극도로 비참한

다음 뜻에 해당하는 영어 단어를 고르시오.

1. 접수처 (　　　　)
① suffer　　② reception　　③ morning　　④ fulfil

2. 이내에 (　　　　)
① regret　　② well　　③ fish　　④ within

3. ~저편에 (　　　　)
① deny　　② beyond　　③ excel　　④ true

4. 의제 (　　　　)
① office　　② agenda　　③ light　　④ feel

5. 입장 (　　　　)
① bride　　② deny　　③ access　　④ dinner

6. 영수증 (　　　　)
① flee　　② receipt　　③ barrier　　④ revoke

7. 넌지시 나타내다 (　　　　)
① career　　② drop　　③ beg　　④ imply

8. 후회하다 (　　　　)
① pity　　② regret　　③ muscle　　④ bore

9. 부인하다 (　　　　)
① deny　　② rely　　③ sore　　④ fearful

다음 단어의 뜻을 쓰시오.

1. regret	
2. refuse	
3. avoid	
4. deny	
5. alarm	
6. amaze	
7. affect	
8. typically	
9. imply	
10. acquire	
11. access	
12. argue	
13. indeed	
14. beyond	
15. within	
16. receipt	
17. reception	
18. agenda	
19. abject	

다음의 뜻에 해당하는 영어 단어를 쓰시오.

1. 후회하다	
2. 거절하다	
3. 방지하다	
4. 부인하다	
5. 불안, 공포	
6. 놀라게 하다	
7. 영향을 미치다	
8. 보통, 일반적으로	
9. 넌지시 나타내다	
10. 습득하다	
11. 입장	
12 언쟁을 하다, 다투다	
13. 정말	
14. ~저편에	
15. 이내에	
16. 영수증	
17. 접수처	
18. 의제	
19. 극도로 비참한	

제19강

원형	과거형	과거분사형	뜻
cost	cost	cost	비용이 들다
keep	kept	kept	유지하다
take	took	taken	가지고 가다
fall	fell	fallen	떨어지다
set	set	set	놓다
buy	bought	bought	사다
wear	wore	worn	입다
sit	sat	sat	앉다
give	gave	given	주다
go	went	gone	가다
let	let	let	~하게 하다
hold	held	held	지니다
write	wrote	written	쓰다
do	did	done	하다
begin	began	begun	시작하다
break	broke	broken	깨뜨리다
know	knew	known	알다
eat	ate	eat	먹다

원형	과거형	과거분사형	뜻
cost			
keep			
take			
fall			
set			
buy			
wear			
sit			
give			
go			
let			
hold			
write			
do			
begin			
break			
know			
eat			

제20강

원형	과거형	과거분사형	뜻
make	made	made	만들다
sell	sold	sold	팔다
find	found	found	찾다
speak	spoke	spoken	말하다
see	saw	seen	보다
choose	chose	chosen	선택하다
have	had	had	가지다
drive	drove	driven	운전하다
lead	led	led	이끌다
think	thought	thought	생각하다
steal	stole	stolen	훔치다
shoot	shot	shot	쏘다
sink	sank	sunk	가라앉다
sleep	slept	slept	잠자다
shake	shook	shaken	흔들다
mean	meant	meant	의미하다
sing	sang	sung	노래하다
dig	dug	dug	파다

원형	과거형	과거분사형	뜻
make			
sell			
find			
speak			
see			
choose			
have			
drive			
lead			
think			
steal			
shoot			
sink			
sleep			
shake			
mean			
sing			
dig			

정답 : 114쪽

제21강

원형	과거형	과거분사형	뜻
run	ran	run	달리다
become	became	become	~이 되다
teach	taught	taught	가르치다
say	said	said	말하다
hurt	hurt	hurt	다치게 하다
grow	grew	grown	자라다
be	was/were	been	~이다
forget	forgot	forgotten	잊다
win	won	won	이기다
spend	spent	spent	소비하다
pay	paid	paid	지불하다
put	put	put	놓다
understand	understood	understood	이해하다
tear	tore	torn	찢다
sweep	swept	swept	쓸다
shed	shed	shed	흘리다
grind	ground	ground	갈다
seek	sought	sought	추구하다

원형	과거형	과거분사형	뜻
run			
become			
teach			
say			
hurt			
grow			
be			
forget			
win			
spend			
pay			
put			
understand			
tear			
sweep			
shed			
grind			
seek			

정답 : 116쪽

정답

5쪽
1.ⓒ   2.ⓖ   3.ⓛ   4.ⓔ   5.ⓗ   6.ⓜ   7.ⓢ   8.ⓒ   9.ⓐ   10.ⓑ
11.ⓓ   12.ⓔ   13.ⓕ   14. ⓖ

6쪽
1.①   2.④   3.②   4.③   5.②   6.④   7.①   8.④   9.①

7쪽
1.②   2.③   3.①   4.④   5.①   6.②   7.③   8.①   9.②

8쪽
1. 굽다, 튀기다   2. 조리법   3. 밀가루   4. 마늘   5. 오이   6. 호박   7. 셀러리   8. 상추   9. 물   10. 감자   11. 후추   12. 자두   13. 복숭아   14. 당근   15. 갈다   16. 양파   17. 채소, 야채   18.배   19.포도

9쪽
1. fry   2. recipe   3.flour   4. garlic   5. cucumber   6. pumpkin   7. celery   8. lettuce   9. water   10.potato   11. pepper   12. plum   13. peach   14. carrot   15. grind   16. onion   17. vegetable   18. pear   19. grape

11쪽
1.ⓛ   2.ⓒ   3.ⓔ   4.ⓜ   5.ⓢ   6.ⓗ   7.ⓖ   8.ⓓ   9. ⓐ   10.ⓑ
11.ⓕ   12.ⓒ   13.ⓔ   14. ⓖ

12쪽
1.④   2.③   3.③   4.④   5.①   6.③   7.①   8.③   9.②

13쪽
1.③   2.②   3.①   4.②   5.③   6.③   7.④   8.③   9.④

14쪽
1. 생산물, 상품, 제품   2. 증가하다, 인상되다   3. 결과, 결실   4. 계속 ~이다   5. 일어나다, 발생하다   6. 원인   7. 전체의, 온   8. 결국, 종내   9. 마침내   10. 얼다, 얼리다   11. 운하, 수로   12. 모으다, 수집하다   13. 보호하다, 지키다   14. 막다, 방지하다   15. 적절한, 제대로 된   16. 얻다, 구하다   17. 유지하다   18. 주장하다   19. 제안하다

15쪽
1. product 2. increase 3. result 4. remain 5. occur 6. cause
7. entire 8.eventually 9.finally 10.freeze 11.canal 12.collect
13.protect 14.prevent 15.proper 16.obtain 17.maintain
18.assert 19.suggest

17쪽
1.ⓛ 2.ⓗ 3.ⓜ 4.ⓔ 5.ⓢ 6.ⓖ 7.ⓒ 8.ⓔ 9.ⓐ 10.ⓕ
11.ⓒ 12.ⓑ 13.ⓖ 14.ⓓ

18쪽
1.③ 2.② 3.③ 4.③ 5.③ 6.④ 7.③ 8.④ 9.①

19쪽
1.④ 2.③ 3.④ 4.② 5.④ 6.③ 7.① 8.③ 9.④

20쪽
1. 문제 2. 해법, 해결책 3. (건물의) 토대 4. 제의하다 5. 요인, 인자
6. 뚜렷한, 분명한 7. 끊임없는 8. 수고 9. 다양한 10. 선언하다 11.
납득시키다 12. 허락하다 13. 개선되다, 나아지다 14. 혜택, 이득 15.
필요하다 16.수반하다 17. 포함하다 18. 격려하다 19. 대하다

21쪽
1. problem 2. solution 3. foundation 4. offer 5. factor 6.
distinct 7. constant 8. effort 9. diverse 10. declare 11. convince
12. allow 13. improve 14. benefit 15. require 16. involve 17.
include 18. encourage 19. treat

23쪽
1, ⓔ 2.ⓜ 3.ⓖ 4.ⓗ 5.ⓢ 6.ⓒ 7.ⓛ 8.ⓒ 9.ⓐ 10.ⓖ
11.ⓕ 12.ⓓ 13.ⓔ 14.ⓑ

24쪽
1.③ 2.② 3.③ 4.④ 5.④ 6.④ 7.① 8.② 9.④

25쪽
1.② 2.② 3.① 4.① 5.④ 6.① 7.③ 8.③ 9.④

26쪽
1. 관습, 풍습 2. 손상, 피해 3. 망치다 4. 신호 5. 방향 6. 물건, 물체
7. 상징 8. 그러므로, 그러니 9. 이렇게 하여, 이와 같이 10. 뿐만 아니라,
더욱이 11. 비교적 12. 손쉽게, 순조롭게 13. 열망하여, 열심히 14. 기
다리다 15. 발표하다, 알리다 16. 매년의, 연례의 17. 속도 18. 뒤따르
다 19.흥분시키다

27쪽

1. custom   2. damage   3. ruin   4. signal   5. direction   6. object
7. symbol   8. therefore   9. thus   10. furthermore   11.relatively
12.readily   13.eagerly   14.await   15.announce   16.annual   17.rate
18.ensue   19.inflame

29쪽

1.ⓛ   2.ⓢ   3.ⓙ   4.ⓒ   5.ⓔ   6.ⓜ   7.ⓗ   8.ⓒ   9.ⓓ   10.ⓑ
11.ⓐ   12.ⓕ   13.ⓔ   14.ⓖ

30쪽

1.①   2.②   3.④   4.①   5.①   6.③   7.③   8.④   9.①

31쪽

1.②   2.①   3.②   4.③   5.③   6.③   7.③   8.④   9.④

32쪽

1. 부주의한   2.변호사   3.부착되다   4.의심하다   5.목격자   6.극심한
7.가혹한   8.부서지기 쉬운   9.신속한   10.빈   11.따분한   12.분명한
13.우세한   14.인상적인   15.위풍당당한   16.협곡   17.재빠른   18.졸
업생들   19.허용하다

33쪽

1.careless   2.attorney   3.adhere   4.suspect   5.witness   6.severe
7.harsh   8.fragile   9.swift   10.hollow   11.dull   12.plain
13.dominant   14.imposing   15.stately   16.gorge   17.deft
18.alumni   19. permit

35쪽

1.ⓛ   2.ⓒ   3.ⓔ   4.ⓜ   5.ⓢ   6.ⓗ   7.ⓙ   8.ⓑ   9.ⓒ
10.ⓕ   11.ⓓ   12.ⓐ   13.ⓔ   14.ⓖ

36쪽

1.④   2.③   3.①   4.④   5.①   6.④   7.②   8.④   9.①

37쪽

1.③   2.②   3.④   4.②   5.④   6.①   7.②   8.②   9.④

38쪽
1. 강요하다   2. 충고하다   3. 저항하다   4. 집요하게 계속하다   5.서로 다르다   6. 변하다   7. 맞닥뜨리다   8.분류하다   9.범주   10.근거, 이유   11.시행하다   12.촉진하다   13.붕괴되다, 무너지다   14.사고   15.터지다   16.이기다   17.칭찬하다   18.풍성한, 호화로운   19.명쾌한, 명료한

39쪽
1.compel   2.urge   3.resist   4.persist   5.vary   6.alter   7.encounter   8.classify   9.category   10.basis   11.implement   12.promote   13.collapse   14.crash   15.burst   16.beat   17.laud   18.lavish   19.lucid

41쪽
1.ⓛ   2.ⓢ   3.ⓣ   4.ⓔ   5.ⓜ   6.ⓒ   7.ⓗ   8.ⓑ   9.ⓐ   10.ⓕ   11.ⓓ   12.ⓒ   13.ⓖ   14.ⓔ

42쪽
1.②   2.②   3.④   4.①   5.③   6.②   7.④   8.①   9.①

43쪽
1.④   2.②   3.④   4.④   5.②   6.①   7.③   8.③   9.④

44쪽
1.설득하다   2.주제   3.언어   4.의견   5.능력   6.화장실   7.식당, 레스토랑   8.도서관   9.강의, 강좌   10.일반적인   11.전체의   12.생산량, 산출량   13. 부분, 부문, 구획   14.촉진하다   15.자원   16.구조   17.(사람 사물의) 기능   18.움직임, 활기   19.흔한

45쪽
1.induce   2.subject   3.language   4.opinion   5.ability   6.restroom   7.restaurant   8.library   9.course   10.general   11.overall   12.output   13.section   14.promote   15.resource   16.structure   17.function   18.activity   19.common

47쪽
1.ⓛ   2.ⓒ   3.ⓔ   4.ⓣ   5.ⓗ   6.ⓢ   7.ⓜ   8.ⓑ   9.ⓕ   10.ⓐ   11.ⓒ   12.ⓔ   13.ⓖ   14.ⓓ

48쪽
1.④　2.④　3.①　4.④　5.③　6.②　7.④　8.③　9.①

49쪽
1.③　2.③　3.④　4.③　5.②　6.②　7.④　8.④　9.④

50쪽
1.의사소통을 하다　2.나타내다　3.확실한, 틀림없는　4.패턴　5.가치
6.지식　7.필요한　8.필수적인　9.감지하다　10.설명하다　11.방
해하다　12.신경 쓰다　13.겁먹게 만들다　14.기념일　15.기념 행사
16.명예 , 영예　17.그윽한　18.위신, 명망　19.추론하다

51쪽
1.communicate　2.express　3.certain　4.pattern　5.value
6.knowledge　7.necessary　8.essential　9.perceive　10.interpret
11.interrupt　12.bother　13.frighten　14.anniversary
15.celebration　16.honor　17.mellow　18.prestige　19.infer

53쪽
1.ⓧ　2.㉠　3.ⓗ　4.㉣　5.㉡　6.㉢　7.㉣　8.ⓑ　9.ⓐ　10.ⓒ
11.ⓕ　12.ⓔ　13.ⓖ　14.ⓓ

54쪽
1.④　2.②　3.③　4.④　5.①　6.②　7.④　8.②　9.①

55쪽
1.③　2.①　3.③　4.②　5.④　6.②　7.②　8.③　9.④

56쪽
1.필요한　2.특정한　3.알아보다　4.깨닫다　5.성취하다　6.정의하다
7.구체적인　8.포함하다　9.생산하다　10.기회　11.격려하다　12.영
향　13.요인, 인자　14.화학의　15.존재하다　16.종업원　17.싸우다
18.닥치다　19.포옹하다

57쪽
1.necessary　2.particular　3.recognize　4.realize　5.achieve
6.define　7.specific　8.include　9.produce　10.opportunity
11.inspire　12.influence　13.factor　14.chemical　15.exist
16.attendant　17.fight　18.confront　19.embrace

59쪽
1.ⓒ 2.ⓜ 3.ⓑ 4.ⓔ 5.ⓛ 6.ⓐ 7.ⓖ 8.ⓑ 9.ⓐ 10.ⓔ
11.ⓕ 12.ⓒ 13.ⓓ 14.ⓖ

60쪽
1.④ 2.② 3.③ 4.① 5.② 6.④ 7.③ 8.① 9.④

61쪽
1.③ 2.② 3.④ 4.④ 5.④ 6.① 7.④ 8.③ 9.④

62쪽
1.항상, 언제나   2.계속해서   3.꾸준한   4.젓다   5.예측 불허의 변화
6.주장하다   7.결론을 내리다   8.추정, 추산   9.잠재적인   10.영향, 충
격   11.필요하다   12.위원회   13.마련하다   14.직접적인   15.지시하
다   16.알리다   17.제출하다   18.이용할 수 있는   19.가능한

63쪽
1.always   2.continually   3.steady   4.stir   5.vagary   6.claim
7.conclude   8.estimate   9.potential   10.impact   11.require
12.committee   13.arrange   14.direct   15.instruct   16.notify
17.submit   18.available   19. possible

65쪽
1.ⓛ   2.ⓒ   3.ⓖ   4.ⓜ   5.ⓐ   6.ⓑ   7.ⓔ   8.ⓓ   9.ⓐ
10.ⓑ   11.ⓔ   12.ⓒ   13.ⓖ   14.ⓕ

66쪽
1.④   2.①   3.④   4.③   5.①   6.③   7.②   8.④   9.③

67쪽
1.③   2.①   3.③   4.②   5.③   6.③   7.④   8.④   9.③

68쪽
1. 맞추다   2. 수용하다   3. 지방, 지역   4. 영향   5. 집중하다   6.
감각   7. 시력   8.현재의, 지금의   9. 종류, 유형   10.접근하여, 바
싹   11.의도하다   12.허용하다   13.얻다   14.계획   15.분석 연구
16.경외감, 외경심   17.존경   8.잠시 멈추다   19.무시하다

69쪽
1.adapt   2.accommodate   3.region   4.influence   5.focus
6.sense   7.sight   8.current   9.form   10.closely   11.intend
12.permit   13.obtain   14.strategy   15.analysis   16.awe
17.esteem   18.pause   19.ignore

71쪽
1.㉠   2.㉡   3.㉢   4.㉣   5.㉥   6.㉦   7.㉤   8.ⓑ   9.ⓐ   10.ⓒ
11.ⓔ   12.ⓓ   13.ⓖ   14.ⓕ

72쪽
1.①   2.②   3.①   4.④   5.③   6.④   7.③   8.④   9.②

73쪽
1.③   2.④   3.③   4.④   5.④   6.④   7.③   8.②   9.④

74쪽
1.회복되다   2.선발하다   3.선언하다   4.충고하다   5.나오다   6.동의
하다   7.이내에   8.도처에   9.특히, 특별히   10.구체적인   11.상의하
다   12.던지다   13.훔치다   14.승리   15.패배시키다   16.투쟁하다
17.결국, 종내   18.아주 넓은   19.확인하다

75쪽
1.recover   2.select   3.declare   4.urge   5.emerge   6.agree
7.within   8.throughout   9.particularly   10.specific   11.discuss
12.throw   13.steal   14.victory   15.defeat   16.struggle
17.eventually   18.extensive   19.identify

77쪽
1.㉢   2.㉦   3.㉢   4.㉣   5.㉥   6.㉠   7.㉡   8.ⓑ   9.ⓓ   10.ⓐ
11.ⓒ   12.ⓖ   13.ⓔ   14.ⓕ

78쪽
1.②   2.②   3.①   4.④   5.④   6.②   7.④   8.②   9.④

79쪽
1.③   2.③   3.③   4.④   5.③   6.③   7.④   8.③   9.①

80쪽
1.으르렁거리다　2.떨다　3.얼굴을 찌푸리다　4.탄력, 가속도　5.돌아다니다　6.무명의　7.확대되다　8.증가　9.더 위에 있는　10.우수한　11.사전의　12.일시적인　13.이전의　14.연상하다　15.중요한　16.보통　17.추정하다　18.착수하다　19.시달리다

81쪽
1. roar　2.shiver　3.frown　4.momentum　5.roam　6.obscure　7.expand　8.rise　9.upper　10.superior　11.prior　12.temporary　13.previous　14.associate　15.significant　16.typically　17.assume　18.undertake　19. suffer

83쪽
1.ⓗ　2.ⓒ　3.ⓛ　4.ⓙ　5.ⓔ　6.ⓜ　7.ⓢ　8.ⓐ　9.ⓒ　10.ⓓ　11.ⓔ　12.ⓕ　13.ⓖ　14.ⓑ

84쪽
1.③　2.②　3.④　4.③　5.②　6.③　7.②　8.①　9.④

85쪽
1.③　2.③　3.④　4.③　5.③　6.③　7.②　8.③　9.④

86쪽
1.시력　2.줄이다　3.얻게 되다　4.유리한 점　5.인원,직원　6.변형시키다　7.변하다　8.수정하다　9.맞는　10.틀린　11.잘못된　12.매력　13.유도하다　14.보관하는 곳　15.울다　16.찌르다　17.망토　18.물을 대다　19.굴

87쪽
1.vision　2.reduce　3.gain　4.advantage　5.personnel　6.transform　7.alter　8.modify　9.correct　10.wrong　11.amiss　12.allure　13.entice　14.shed　15.weep　16.stick　17.cape　18.irrigate　19.den

89쪽
1.ⓜ　2.ⓙ　3.ⓛ　4.ⓔ　5.ⓢ　6.ⓒ　7.ⓗ　8.ⓓ　9.ⓐ　10.ⓑ　11.ⓔ　12.ⓖ　13.ⓒ　14.ⓕ

90쪽
1.④ 2.② 3.① 4.③ 5.② 6.① 7.④ 8.② 9.①

91쪽
1.④ 2.② 3.② 4.③ 5.④ 6.② 7.③ 8.② 9.③

92쪽
1.실현하다 2.무너지다 3.장벽 4.흐름 5.필수적인 6.습득하다
7.인정하다 8.천사 9.재 10.화산 11.폭발, 분화 12.떨다, 떨리다
13.응시하다 14.고집하다 15.쓸모 없는 16.귀중한 17.다양한
18.제공하다 19.돕다

93쪽
1.fulfil 2.collapse 3.barrier 4.flow 5.vital 6.acquire
7.acknowledge 8.angel 9.ash 10.volcano 11.eruption
12.tremble 13.gaze 14.insist 15.useless 16.precious
17.various 18.provide 19.assist

95쪽
1.ⓒ 2.㉠ 3.ⓗ 4.ⓛ 5.ⓘ 6.ⓜ 7.ⓔ 8.ⓑ 9.ⓔ 10.ⓐ
11.ⓒ 12.ⓕ 13.ⓖ 14.ⓓ

96쪽
1.④ 2.③ 3.② 4.③ 5.④ 6.④ 7.④ 8.② 9.①

97쪽
1.③ 2.④ 3.③ 4.② 5.③ 6.③ 7.② 8.③ 9.②

98쪽
1.시달리다 2.극복하다 3.휩싸다 4.시작 5.시장 6.약화시키다
7.오해 8.시각적인 9.표면 10.대기 11.온도, 기온 12.보통의
13.계약 14.식사 15.단 하나의, 단일의 16.심각한 17.결정, 판단
18.필요한 19.비교적

99쪽
1. suffer 2.overcome 3.overwhelm 4.beginning 5.market
6.undermine 7.illusion 8.optical 9.surface 10.atmosphere
11.temperature 12.normal 13.contract 14.meal 15.single
16.serious 17.decision 18.necessary 19.relatively

101쪽
1.ⓒ 2.㉠ 3.ⓔ 4.ⓛ 5.ⓘ 6.ⓜ 7.ⓗ 8.ⓓ 9.ⓐ 10.ⓑ
11.ⓖ 12.ⓒ 13.ⓔ 14.ⓕ

102쪽
1.④ 2.① 3.③ 4.③ 5.④ 6.③ 7.③ 8.② 9.①

103쪽
1.① 2.③ 3.④ 4.② 5.④ 6.③ 7.④ 8.③ 9.②

104쪽
1.영광, 영예 2.경쟁 3.경험 4.교육 5.문화 6.전통의 7.한낱, 그저, 단지 8.꽤, 약간, 상당히 9.아마, 어쩌면 10.최근에 11.거의 12.아무것도 13.~보다 위에 14.아래에 15.대륙 16.유명 인사 17.명성 18.믿음 19.두려움

105쪽
1.glory 2.competition 3.experience 4.education 5.culture 6.traditional 7.merely 8.rather 9.perhaps 10.recently 11.nearly 12.nothing 13.above 14.beneath 15.continent 16.celebrity 17.fame 18.faith 19. fear

107쪽
1.ⓜ 2.ⓖ 3.ⓛ. 4.ⓔ 5.ⓒ 6.ⓢ 7.ⓗ 8.ⓑ 9.ⓐ 10.ⓒ 11.ⓕ 12.ⓔ 13.ⓖ 14.ⓓ

108쪽
1.① 2.④ 3.③ 4.④ 5.② 6.④ 7.③ 8.② 9.④

109쪽
1.② 2.④ 3.② 4.② 5.③ 6.② 7.④ 8.② 9.①

110쪽
1.후회하다 2.거절하다 3.방지하다 4.부인하다 5.불안, 공포 6.놀라게 하다 7.영향을 미치다 8.보통, 일반적으로 9.넌지시 나타내다 10.습득하다 11.입장 12.언쟁을 하다, 다투다 13.정말 14.…저편에 15.이내에 16.영수증 17.접수처 18.의제 19.극도로 비참한

111쪽
1.regret 2.refuse 3.avoid 4.deny 5.alarm 6.amaze 7.affect 8.typically 9.imply 10.acquire 11.access 12.argue 13.indeed 14.beyond 15.within 16.receipt 17.reception 18.agenda 19.abject

저절로 카페 https://cafe.naver.com/jujurro
출간 후 발견되는 오류는 저절로 카페의 정정게시판에서 확인하여 주세요.

저절로 중등 영어 단어 마스터 1단계

초판 1쇄 발행 ┃ 2019년 8월 30일

지은이 ┃ 저절로
펴낸이 ┃ 김지연
펴낸곳 ┃ 생각의빛

주 소 ┃ 경기도 파주시 한빛로 70 515-501

출판등록 ┃ 2018년 8월 6일 제 406-2018-000094호

ISBN ┃ 979-11-90082-23-5 (53740)

원고 투고 ┃ sangkac@nate.com

값 13,000원